AF494517

LA CINQUANTAINE,

PASTORALE

EN TROIS ACTES.

REPRÉSENTÉE,

POUR LA PREMIERE FOIS,

PAR L'ACADÉMIE-ROYALE

DE MUSIQUE,

Le Mardi 13 Août 1771.

PRIX XXX. SOLS.

AUX DÉPENS DE L'ACADÉMIE.

A PARIS, Chés DE LORMEL, Imprimeur de ladite Académie, rue du Foin, à l'Image Sainte Genevieve.

On trouvera des Exemplaires du Poeme à la Salle de l'Opera.

M. DCC. LXXI.

AVEC APPROBATION ET PRIVILEGE DU ROI.

Les Paroles de *M. DESFONTAINES.*

La Musique de *M.* ***.

ACTEURS CHANTANTS.
DANS LES CHŒURS.

CÔTÉ DU ROI.		CÔTÉ DE LA REINE.	
Mesdemoiselles.	*Messieurs.*	*Mesdemoiselles.*	*Messieurs.*
du Puis.	Héri.	Floquet.	l'Écuyer.
d'Hautrive.	Cailteau.	Hebert.	Albert.
Garrus.	Van-Hecke.		Tourcati.
de Laurette.	Vatelin.	d'Agée.	Pâris.
Durand.	Larssure.	des Rosieres.	Ghuiot.
Fontenet.	Larlat.	Jouette.	Capoi.
l'Etienne.	Lagier.	de l'Or.	Marniesse.
Renard.	Martin.		Boi.
Girardin.	Dessart.	Chenais.	Laurent.
Veron.	Méon.	Denis , l.	Huet.
le Queulx.	Cleret.		Parant, c.
Beauvernier.	Beghaim.	Rouxelin.	Itasse.
le Fevre.	Tacusset.	Quinson.	Baillion.
Thibault.	Royer.	S. Julien.	Jalaguier.
Héri.	Cazal.	de Merei.	Jouve.
	de Lori.		Noelle.
	Clairembeault.		Gouzet.

ACTEURS.

GERMAIN, *vieux Fermier*,   M. l'Arrivée.
THÉRESE, *fa Femme*,   Mme. l'Arrivée.
LUBIN, *Neuveu de GERMAIN*, M. le Gros.
COLIN, *jeune Garçon*,   Mlle. Lafond.
COLETTE, *jeune Fille*,   Mlle. Dervieux.
LE BAILLI,   M. Durand.
UN BUCHERON,   M. Muguet.
UNE BERGERE *âgée*,   Mlle. Davantois.

PERSONNAGES DANSANTS.

ACTE PREMIER.

BUCHERONS & BUCHERONNES.

M. DAUBERVAL, Mlle. PESLIN.

Mlle. GUIMARD.

M^rs. Aubry, Cafter, Martinet, Simonet.
Mlles. Adrienne, Aubert, Duménil, Maupin.

PAYSANS & PAYSANNES.

M. SIMONIN.

M. MALTER, Mlle. PITROT.

M^rs. Lieffe, Giguet, Larue, Hennequin, c.
Mlles. Louifon, Duchenois, Levrai, Defgranges.

ACTE SECOND.

Le *SEIGNEUR du Village.*

M. GARDEL.

La *DAME du Village.*

Mlle. HEINEL.

SUITE *du SEIGNEUR & de la DAME du Village.*

M^rs. Beaulieu , Gallet , Henri , Rivet.

Mlles. Gaudot , Blondeval , Rozé , Martin.

DÉPUTÉS.

M^rs. ROGIER, MALTER.

M^rs. Granier , Leger , Leroi , Hennequin , l.

BERGERES.

Mlles. Desforges , Sidonie , Gallet , Thevenet.

PAYSANS & PAYSANNES.

M^de. PITROT.

M^rs. Liesse , Giguet , Larue , Hennequin , l.

Mlles. Louison , Buré , Duchenois , Levray.

ACTE TROISIÉME.

VIEUX & VIEILLES.

M^{rs}. GIROUX, LEDOUX.

Mlles. LESCOT, MAUPIN.

Jeunes PAYSANS.

M. GARDEL. Mlle. GUIMARD.

Jeunes PAYSANNES.

M^{rs}. Léger, Granier, Leroi, Duchesnes,
Lefevre, Hennequin, l.

Mlles. Gaudot, Blondeval, Rozé, Martin, Lallin,
Deshaies.

PAYSANS, *Pastres.*

M. DAUBERVAL, M. ALLARD.

M^{rs}. Aubri, Caster, Martinet, Simonet, Beaux,
Guillet.

Mlles. Desforges, Sidonie, Delorme, Thevenet,
Henriette, Lebel.

LA CINQUANTAINE,

PASTORALE.

ACTE PREMIER.

Le théâtre représente une partie de bois, terminée par des coteaux, remplis d'arbres. Sur un des côtés, on voit la maison du Bailli. Il fait petit jour.

SCÈNE PREMIÈRE.

COLIN, seul.

Le sommeil me fuit, je soupire,
Je ne veille que pour souffrir:

Ah ! quelle peine ! quel martyre !
S'il dure encor, il faut mourir.

Le Bailli me promet une jeune Bergere,
    Qui m'aime, autant qu'elle m'eſt chere,
Et juſques à ſeize ans, je dois encor hélas !
    Être privé de ſes appas !

    Le ſommeil me fuit, je ſoupire,
    Je ne veille que pour ſouffrir ;
    Ah ! quelle peine ! quel martyre !
    S'il dure encor, il faut mourir.

(Le BAILLI ſort de chez lui, & traverſe la Scêne :
COLIN l'apperçoit & l'arrête.)

SCÊNE II.

LE BAILLI, COLIN.

COLIN.

AH ! de grâce, daignés m'entendre...

LE BAILLI.

J'ai ſouſcrit à ton choix, & tu ſeras heureux ;
Mais je te ſers de pere, & c'eſt à toi d'attendre
L'inſtant que j'ai fixé, pour couronner tes feux.

COLIN.

COLIN, retenant le Bailli.

Je vous suivrai par tout...

LE BAILLI.

Le plus doux esclavage
Détruit l'amour & la gaité.
Chanter & rire est ton partage,
Profite des droits de ton âge,
Et conserve ta liberté.

COLIN.

Rien ne peut plus calmer le feu qui me dévore...

LE BAILLI.

Pour te guérir de ce tourment,
Ta Colette est trop jeune encore,
Comme elle, tu n'es qu'un enfant,
Et je ne puis céder à ton empressement.

COLIN.

On n'est point enfant, quand on aime,
On ne l'est point, je le sens bien :
Ma Colette pense de même,
Jugés de son cœur par le mien.
Au sentiment qui nous inspire,
Pourquoi voulés-vous résister ?

B

S'il est des loix à nous prescrire,
L'amour seul doit nous les dicter.

LE BAILLI.

Pour user des biens qu'il nous donne,
Le ciel a marqué les instans,
On ne jouit que dans l'Automne
Des fruits qui naissent au Printems.
C'est quand elle est épanouie,
Que la fleur doit se moissonner ;
Une rôse, trop tôt cueillie,
N'est qu'un instant à se fanner.

COLIN.

Par une humeur triste & sévère,
Cessés de combattre nos feux ;
Lorsque l'on sait aimer & plaire,
On est dans l'âge d'être heureux.
Au matin de notre jeunesse,
L'amour nous perce de ses traits ;
Faut-il attendre la vieillesse,
Pour avoir droit à ses bienfaits ?

DUO.

LE BAILLI.	*COLIN.*
Par une humeur triste & sévère,	Par une humeur triste & sévère,
Je ne combattrai point vos feux :	Cessés de combattre nos feux
Vous vous aimés, vous savés plaire,	Lorsque l'on sait aimer & plaire,
A seize ans, vous serés heureux.	On est dans l'âge d'être heureux.

(*Le BAILLI sort, on voit arriver sur le coteau, une troupe de Bucherons, qui se disposent à travailler.*

COLIN.

Il se refuse à ma priere,
Mais je vais, de ce pas, m'adresser à Germain :
Il chérit ma Colette, & son cœur moins contraire
Aura pitié de mon chagrin.

☆☆☆☆☆☆:☆☆☆☆☆☆☆☆☆☆☆☆☆☆☆

SCÈNE III.

BUCHERONS.

UN *BUCHERON.*

ALlons, allons, commençons notre ouvrage,
Pour l'achever, unissons-nous,
Frappons tous, reprenons courage,
Que ces bois tombent sous nos coups.

LE CHŒUR.

Allons, allons, &c.

LE BUCHERON.

Le travail n'eſt plus une peine,
Lorſque l'amour vient l'adoucir,
Et quand je ſonge à mon Hélene,
Tout, pour moi, ſe change en plaiſir.

LE CHŒUR.

Allons, allons, &c.

(*Travaux des Bucherons.*)

LE BUCHERON (*aux Travailleurs.*)

Déja l'aurore eſt plus vermeille,
Le ſoleil renaiſſant va brûler ces coteaux :
Venés, à l'ombre de la treille,
Goûter un inſtant de repos.

(*PANTOMIME.*)

SCÉNE IV.

LUBIN, ET LES ACTEURS DE LA SCÉNE
PRÉCÉDENTE.

LUBIN.

MEs enfans, quittés votre ouvrage,
Mes vieux parens vont aujourd'hui
Renouveller leur mariage,
Depuis cinquante ans accompli,
Et je veux que tout le village
Partage la gaité, dont mon cœur est rempli.

(*Des Paysans & des Paysannes traversent le coteau
pour aller travailler dans les champs.*)

LUBIN.

Accourés, aimables fillettes,
Remettés, à demain, le soin de vos troupeaux :
Venés, au doux son des musettes,
Danser à l'ombre des ormeaux.

(*Les Paysans & les Paysannes descendent.*)

SCÊNE V.

LUBIN, et les Acteurs de la Scêne
PRÉCÉDENTE.

PAYSANS, PAYSANNES.

LUBIN.

Chantés, chantés, que tout respire,
Dans ce séjour,
L'allégresse que nous inspire
Cet heureux jour.

LE *CHŒUR.*

Chantons, &c.

(Pendant ce Chœur, les Bucherons *s'unissent
aux jeunes filles, & forment avec elles une
ronde, dansée sur l'air suivant.*

LUBIN.

L'hiver vient de quitter nos plaines,
L'aurore annonce le Printems :
Consolés-vous, tendres amans,
L'amour va terminer vos peines :
Le Printems, l'aimable Printems
Est le dieu des tendres amans.

LE *CHŒUR.*

Le Printems, *&c.*

LUBIN.

Déja Rofine & Colinette
Vont fouler les gâfons naiffans :
Des fleurs, qui décorent nos champs,
Allés embellir leur houlette :
Le Printems, l'aimable Printems
Eft le dieu des tendres amans.

LE *CHŒUR.*

Le Printems, *&c.*

LUBIN.

Fixés-les fous le verd feuillage,
Le bonheur y fuit le defir,
C'eft pour l'amour & le plaifir,
Que l'ormeau reprend fon ombrage :
Le Printems, l'aimable Printems
Eft le dieu des tendres amans.

LE *CHŒUR.*

Le Printems, *&c.*

(*Pas de BUCHERONS.*)

L U B I N.

Mais auprès du Bailli, le devoir nous appelle,
  Venés, par vos chants & vos jeux,
  Honorer le couple fidèle,
  Dont il va resserrer les nœuds.

(*Les PAYSANS dansent durant le Chœur suivant.*)

L E   C H Œ U R.

  Allons, par nos chants, & nos jeux,
  Honorer le couple fidèle,
  Dont il va resserrer les nœuds.

L U B I N.

  Augmentons, par notre zèle,
  Les plaisirs d'un si beau jour,
  De l'Hymen & de l'Amour
   Célébrons tour à tour
  La douceur toujours nouvelle…
Mais auprès du Bailli le devoir nous appelle.
  Allons, &c.

(*Tout le monde sort en chantant le Chœur suivant.*)

L E   C H Œ U R.

  Allons, par nos chants & nos jeux,
  Honorer le couple fidèle,
  Dont il va resserrer les nœuds.

FIN DU PREMIER ACTE.

ACTE

ACTE SECOND.

Le théâtre repréſente partie d'un hameau : au fond, eſt la ferme habitée par THÉRÈSE & GERMAIN. Celui - ci en ſort avec COLIN & COLETTE, ſur leſquels il s'appuie.

SCÈNE PREMIÈRE.

GERMAIN, COLETTE, COLIN.

GERMAIN.

Tendres appuis de ma vieilleſſe,
Ceſſés de répandre des pleurs :
(*à* COLETTE.)
Je te chéris, Colin : Ton repos m'intéreſſe ;
Dans mon ſein paternel dépoſés vos douleurs.

C

COLETTE , montrant COLIN.

Le Bailli, chaque jour, augmente sa tristesse.

C O L I N.

Il afflige l'objet, qu'il me permit d'aimer.

C O L E T T E.

Terminés ses chagrins ....

C O L I N.

> Couronnés sa tendresse ,

Et nos cœurs n'auront plus de desirs à former.

G E R M A I N.

Du dieu, dont vous portés les chaînes,
Il faut connaître les rigueurs ;
Nous ne pouvons, que par nos peines,
Juger du prix de ses faveurs.
Un bonheur qui n'a point d'orages,
N'offre que des biens imparfaits :
Si l'hiver étoit sans nuages,
Le printems aurait moins d'attraits.

C O L E T T E à G E R M A I N.

Quand on voit toûjours ce qu'on aime,
Les plus longs hivers ne sont rien :

Chaque saison sera la même
Pour son amour, & pour le mien.

COLIN à GERMAIN.

Lorsque la bise & la froidure,
Viennent dépouiller nos jardins,
Votre âme en est-elle moins pure ?
Vos jours en sont-ils moins sereins ?

COLIN, COLETTE.

Quand on voit toûjours ce qu'on aime,
Les plus longs hivers ne sont rien :
Chaque saison sera la même
Pour son amour, & pour le mien.

GERMAIN.

Du Bailli seul votre sort doit dépendre,
La mort de vos parens vous mit en son pouvoir,
Et c'est de son aveu que vous devés attendre
Le moment d'un himen, qui flatte votre espoir.
(à COLETTE.)
Mais d'un fils, que j'aimais, tu reçus la lumière,
(à COLIN.)
De ton pere expirant je fermai la paupière,
Je partageai vos pleurs, à leurs derniers soûpirs,

C ij

Et mon âme toute entière
Vole au-devant de vos desirs.

COLIN.

Ah ! c'est en vous seul que j'espere ,
Prenés pitié de nos tourmens !

COLETTE.

C'est vous qui nous servez de pere ,
Protégés vos tristes enfans.

TRIO.

COLIN, COLETTE.	GERMAIN.
Ah ! c'est en vous seul que j'espere,	Oui , je vous servirai de pere,
Prenés pitié de nos tourmens :	Consolés-vous, mes chers enfans.
C'est vous qui nous servés de pere ,	Le Bailli sera moins sévere ,
Protégés vos tristes enfans.	Je mettrai fin à vos tourmens.

(COLETTE & COLIN se séparent avec peine, THÉRESE
sort de sa chaumiere : GERMAIN va au-devant
d'elle : les deux jeunes gens lui baisent la main :
COLIN s'en va ; COLETTE rentre chés GERMAIN.)

SCÈNE III.

THÉRESE, GERMAIN.

GERMAIN.

Viens t'asseoir, avec moi, sous ce riant feuillage ;
De ton amour, autrefois en ces lieux,
Le mien reçut le premier gage,
Et près de toi, dans ce bocage,
Tout s'unit, pour me rendre heureux.

(*THÉRESE & GERMAIN vont s'asseoir sur
un lit de gazon.*)

THÉRESE.

Tout ce que j'y vois, me rappelle,
L'instant où je fixai ton cœur ;
Ainsi que moi, tendre & fidele,
De mes jours tu fis la douceur :
Notre himen, qui se renouvelle,
Me promet le même bonheur.

GERMAIN.

Dans cet azyle solitaire,
La vertu forma nos liens,

Et depuis cinquante ans , ma chere ,
Tes defirs y règlent les miens ;
Toûjours t'aimer , toûjours te plaire ,
Voilà mes tréfors & mes biens.

ENSEMBLE.

Comme autrefois , tendre & fincere ,
Tous mes defirs feront les tiens ;
Toûjours t'aimer , toûjours te plaire ,
Voilà mes tréfors & mes biens.

GERMAIN.

J'étais au printems de mon âge
Quand l'himen unit nos ardeurs ,
Et de mon fimple hermitage
La jeuneffe & l'amour te firent les honneurs…

THÉRESE.

L'hiver a fes plaifirs , partageons-les enfemble ,
Er rendons grace au ciel du nœud qui nous raffemble ;
Vivons , pour l'en bénir , & lorfque le trépas
Viendra marquer ma dernière heure ,
Je mourrai , fans regret , fi je meurs dans tes bras…
Tu pleures , Germain !…

GERMAIN.

Oui , je pleure.
Quand d'un himen , fi cher , le cours eft terminé ,

Mon cœur, des deux époux, plaint celui qui demeure ;
Celui qui perd le jour, est moins infortuné.

THÉRESE.

Éloigne, mon ami, cette cruelle image,
Et n'arrose point de tes pleurs,
Le peu de fleurs
Que l'instant, qui nous luit, séme sur ton passage.

ENSEMBLE.

Jamais deux époux
Furent-ils plus heureux que nous ?
Quelle yvresse !
Quel jour pour ma tendresse !
Tout le feu de ma jeunesse
Est prêt à se rallumer,
Je tiens ta main, je la presse,
Je renaîs, pour mieux t'aimer.
Oui, l'amour, dans mon cœur,
Réveille sa douce flâme,
Le tien partage l'ardeur,
Que je puise dans ton âme.
Nœuds chéris, nœuds pleins d'atrraits !
Plaisirs purs & parfaits !
Non, non, jamais deux Epoux
Ne furent plus heureux que nous :

Tout le feu de ma jeuneſſe
Eſt prêt à ſe rallumer,
Je tiens ta main, je la preſſe,
Je renaîs, pour mieux t'aimer.

SCÈNE III.

Les mêmes, LE BAILLI, *Députés du Village.*

LE BAILLI.

Premier Député du village,
Du Seigneur de ces lieux, Intendant & Bailli,
A ces titres, couple chéri,
Je viens de tous les cœurs vous préſenter l'hommage :
Pour votre nouveau mariage,
Tous les deux, à ma voix, il faut vous préparer,
Près de vous, par mes ſoins, réunis ſous l'ombrage,
Ce ſoir nos habitants viendront le célébrer.

GERMAIN.

Qui peut nous mériter cette faveur extrême ?

LE BAILLI.

Le hameau, tout entier, vous reſpecte & vous aime ;
Honorer Théreſe, & Germain,
Les imiter, ſoir & matin,
C'eſt honorer la vertu même.

LE CHŒUR.

LE *CHŒUR*.

Honorer Thérese, & Germain,
Les imiter, &c.

GERMAIN.

Du bonheur, que le ciel accorde à mes souhaits,
Vos égards augmentent les charmes ;
D'un couple, qui gémit, terminés les alarmes,
Et tous mes vœux sont satisfaits.

LE BAILLI.

De ce couple, qui vous implore,
Suspendons la félicité,
Pour le rendre plus vif encore,
Le bonheur doit être acheté.
Souvent aux bergers, qu'il engage,
L'amour prodigue ses douceurs :
L'himen plus discret, & plus sage,
Veut qu'on mérite ses faveurs.

GERMAIN.

Pour s'enflâmer, & pour se rendre,
Deux jeunes cœurs attendent le desir,
Quand le desir se fait entendre,
Il est, pour eux, le signal du plaisir.

D

THÉRESE au BAILLI.

Vous aimés ces enfans, leur sort vous intéresse.....

LE BAILLI.

Puis-je être indifférent, quand vous parlés poux eux?...
Germain, mon cher Germain, pénétrés-les tous deux,
Éprouvés leur amour, consultés leur tendresse,
Et si le sentiment, qui fit naître vos feux,
Leur inspire aujourd'hui le desir qui les presse,
De leur himen enfin nous formerons les nœuds.

GERMAIN.

Ah! ne différons plus, & courons leur apprendre...

(On entend les premières mesures d'une marche.)

LE BAILLI.

De nouveaux chants se font entendre....
Demeurés en ces lieux, & goûtés, avec nous,
Des plaisirs que l'himen a fixés près de vous.

(Sur la marche annoncée, arrivent LUBIN, des bergères âgées, de jeunes garçons, & de jeunes filles : ils sont suivis par le Seigneur & la Dame du village, accompagnés de leur suite. Tandis que LUBIN chante, la Dame & le Seigneur présentent à THÉRESE la couronne du mariage.)

SCÊNE IV.

Les mêmes, le SEIGNEUR *, la* DAME *du village,*
LUBIN *, suite du* SEIGNEUR, BERGERES *âgées,*
JEUNES FILLES, JEUNES GARÇONS.

LUBIN, à THÉRESE.

AU printems de votre âge,
La couronne du mariage
Vous fut offerte par l'amour :
Au bout de cinquante ans, l'himen, qui vous engage,
Fait renaître cet heureux jour ;
Au bout de cinquante ans encore,
Puisse l'époux, qui vous adore,
Vous en annoncer le retour.

CHŒUR.

Au printems, &c.

THÉRESE, à la Dame du village.

Ah ! veuille l'himen, que j'implore,
Vous combler des mêmes faveurs ;

D ij

Pour votre époux chéri , puisse-t-il faire éclorre
Le moment qu'il accorde à nos tendres ardeurs.

(On danse.)

GERMAIN.

Ainsi qu'au village ,
Aimés, sans partage ,
Aimés, comme nous ;
Chaque jour, pour vous ,
Sera le présage
Des biens les plus doux.
Fuyés le parjure ,
Suivés la nature ,
Goûtés le vrai bonheur ,
On le cherche bien loin , il est dans notre cœur.

LE CHŒUR.

Ainsi qu'au , &c.

GERMAIN.

Jamais de contrainte ,
La moindre feinte ,
Nous conduit à la froideur :
De nos tendresses ,
De nos caresses

L'innocence, & la candeur
Font la douceur.

L E *CHŒUR.*

Ainſi qu'au, &c.

(On danſe.)

THERESE.

L'amour nous fixa dans ces bois,
Nous y ſuivons ſes douces loix,
Ce dieu prolonge ma jeuneſſe,
En conſervant à ma vieilleſſe
L'objet chéri, dont mon cœur a fait choix.

L'amour nous fixa dans ces bois,
Nous y ſuivons ſes douces loix :
Ce dieu prolonge ma jeuneſſe,
En conſervant à ma vieilleſſe
L'objet de mon choix.

Près de l'époux que j'aime,
Mon âme eſt toûjours ſans chagrin,
Et mon bonheur, toûjours le même :
Un ſommeil pur, un réveil ſerein,
De beaux matins, des ſoirs ſans nuage ;

Tel fut, en tous les tems, le destin
Du nœud fortuné qui nous engage :

L'amour nous fixa, &c.

Sans regret, j'ai vu passer l'âge,
Dont le plaisir embellit les momens :
Dans mon hermitage,
Tout me dédommage
Des beaux jours de mon printems :
Même prévenance,
Mêmes soins, même constance,
De deux époux, font deux amans.

L'amour nous fixa, &c.

(*Pantomime des Députés du village.*)

UNE BERGERE âgée, à THÉRESE.

Jusques au moment de la fête,
De l'objet de vos vœux il faut vous séparer :
Pour cet heureux moment, que l'amour vous apprête ;
C'est à nos mains de vous parer.

THÉRESE.

A vos souhaits je vais me rendre ;

Adieu, mon cher Germain :

GERMAIN.

Songe que ces inſtans
Seront tous regrettés par l'époux le plus tendre :
A notre âge, on doit être avare de ſon tems.

THERESE.

Mon cœur, comme le tien, comptera les momens.

(*Les Bergeres âgées emmenent* THÉRESE.)

SCÊNE V.

GERMAIN , LE BAILLI , LUBIN , Députés,
jeunes Garçons , jeunes Filles.

LUBIN.

Durant cette abſence,
Fixons en ces lieux,
Les ris & les Jeux;
Chantons la conſtance,
Goûtons ſes attraits,
Ne changeons jamais.

LE **CHŒUR.**

Durant cette, *&c.*

(*Pas de deux.*)

LUBIN.

Laissons, dans nos vergers, le papillon volage
Porter, de fleurs en fleurs, ses vœux & son hommage;
En amour, un cœur inconstant
Croit trouver le bien suprême,
Mais il s'abuse lui-même,
Et jamais il n'est content;
Le chagrin suit le changement.

Laissons, dans nos vergers, *&c.*

LE **CHŒUR.**

Laissons, *&c.*

(*Contredanse.*)

FIN DU SECOND ACTE.

ACTE

ACTE TROISIÉME.

Le Théâtre repréſente ſur les devants , partie d'un bois , & au fond , une étoile ; l'avenüe du milieu , ainſi que les deux paralleles , eſt décorée de guirlandes de fleurs , qui forment berceau.

SCÉNE PREMIÉRE.

COLETTE, ſeule.

NON, rien ne ſauroit me diſtraire,
La fête qu'on prépare , augmente mon chagrin :
Germain me plaint , veut que j'eſpere ,
Et je ne vois pas Colin !

E

Bailli ! méchant Bailli ! de mon Berger fidèle,
Pourquoi m'éloigner chaque jour !
Sépare-t-on la tourterelle
De l'objet de son amour !

(*Colin paraît, aperçoit* Colette *, & court au-*
devant d'elle. Colette *en fait autant.*)

SCÈNE II.
COLETTE, COLIN.

COLETTE.

Ah ! Colin !

COLIN.

Ma chere Colette !
Peut-être que ce soir nous allons être unis...

COLETTE.

Je n'ose l'espérer.

COLIN.

Cesse d'être inquiéte,
Si Germain m'a dit vrai, tous nos maux sont finis...
Mais d'où vient que mon cœur palpite
Dès l'instant que je te revoi ?

COLETTE.

D'où naît le trouble qui m'agite,
Si-tôt que je suis près de toi?

COLIN.

Lorsque j'étais dans l'enfance,
Je t'aimais plus tranquillement.

COLETTE.

J'avois moins d'impatience,
Quand tu me quittais un moment.

COLIN.

Le long du jour, sous la coudrette,
Tout me servait d'amusement,
Une fleur, une chansonnette
Me rendaient joyeux & content.
Mais aujourd'hui... c'est autre chose;
Je soupire, & ne sais pourquoi.
L'amour en est-il donc la cause?
Si tu le sais, apprends-le moi.

COLETTE.

Tu me poursuivais sur l'herbette,
Je m'amusais avec ton chien:
J'ornais ton chapeau, ta houlette,
Et je ne désirais plus rien.

Mais aujourd'hui…. c'est autre chose,
Je soupire, & ne sais pourquoi.
L'amour en est-il donc la cause?
Si tu le sais, apprends-le moi.

ENSEMBLE.

Je soupire, & ne sais pourquoi,
L'amour en est-il donc la cause?
Si tu le sais, apprends le moi.

COLIN.

Ah! ma Colette! ma Bergere!
Laîsse-moi prendre ta main.

COLETTE *donnant sa main.*

Thérese, dans notre chaumière,
Donne la sienne à Germain.

COLIN.

Je sens augmenter mon trouble…

COLETTE.

Malgré moi, le mien redouble….
Colin, Colin, c'est le baiser,
J'aurais dû te le refuser.

COLIN.

Me le refuser, ma chere!

COLETTE.
Oui je le crois.... que veux-tu faire ?

COLIN.

La baiſer une fois encor....

COLETTE.
Tu vas ſouffrir....

COLIN.

C'eſt un tourment, qui fait plaiſir.

COLETTE.

Ah ! de bon cœur, je le partage,
Mais ſi le Bailli vient, qu'allons-nous devenir ?

COLIN.

Germain m'a donné du courage,
Et ce n'eſt plus qu'à toi que je veux obéir.

(On entend les premières meſures d'une marche.)

COLETTE.

Ah ! Colin ! ma frayeur augmente....

COLIN.

Calme ton chagrin,
Therèſe & Germain
Vont remplir notre attente.

(COLETTE & COLIN *se retirent sous l'un des bosquets qui sont sur le devant de la Scêne, & l'on entend la marche annoncée, au son de laquelle arrive la noce. Le cortége commence par une troupe de jeunes gens sous les armes, à la tête desquels est LUBIN, & par quelques autres qui joüent des instrumens. Immédiatement après, paraissent le BAILLI, les vieilles & les vieillards, qui précédent GERMAIN & THÉRESE. Ces derniers sont suivis par de jeunes filles, vêtües de blanc, dont deux portent un autel de feuillage, garni de guirlandes, & de couronnes de fleurs. Les hommes ont la cocarde au chapeau, & à la boutonniere, un bouquet, attaché avec des rubans. Les jeunes & les vieilles ont la même parure : en arrivant, on chante le Chœur suivant.*)

SCÊNE III.

GERMAIN, THÉRESE, COLIN, COLETTE, LE BAILLI, LUBIN, *tout le Village.*

LE CHŒUR.

Tendres Époux,
Tous nos cœurs s'unissent à vous :

Couple fidèle,
De notre zèle
Agréés les vœux les plus doux.

(COLIN prend COLETTE par la main, & avance
avec elle, sur le bord de la Scène.)

C O L I N.

Ah ! pour entendre ma prière,
Daignés suspendre vos accens.

C O L E T T E.

De l'amante la plus sincère
Écoutés les gémissemens.

L E   B A I L L I.

Voyés nos jeux, séchés vos larmes,
Ce jour est fait pour les plaisirs.
Avec nous, goûtés-en les charmes,
Chantés, bannissés les soûpirs.

Voyés nos jeux, séchés vos larmes,
Ce jour est fait pour les plaisirs.

C O L I N.

Si je n'épouse ma Colette,
Les plaisirs ne sont rien pour moi.

COLETTE.

Oui, Germain, je vous le répète,
Je meurs, si je n'obtiens sa foi.

LE BAILLI.

Mais.....

GERMAIN au BAILLI.

Vous m'avés promis. . . .

LE BAILLI.

Je garde le silence.

GERMAIN.

A peine, tous les deux, sortés-vous de l'enfance.....

COLETTE.

L'été prochain, j'aurai seize ans.

COLIN.

Moi, je les aurai ce Printems.

THÉRÈSE à COLETTE.

Loin de l'Époux, qui nous enflâme,
Chasser le dégoût & l'ennui,
Avec lui, ne former qu'une âme,
N'agir, ne penser que par lui.

D'une

D'une Épouse tendre & fidèle,
Mon enfant, tel est le devoir....

COLIN à THÉRESE.

Quand on vous choisit pour modèle,
Peut-on ne pas le savoir?

GERMAIN à COLIN.

De l'Épouse, qui nous engage,
Prévenir les moindres souhaits :
Fixer, au sein de son ménage,
La gaité, l'amour, & la paix :
D'un Epoux, sensible & fidèle,
Mon enfant, tel est le devoir.

COLETTE à GERMAIN.

Quand on vous choisit pour modèle,
Peut-on ne pas le savoir?

THÉRESE.

Mon cher Bailli, soyés sincère,
Et vous dirés ; tout parle contre moi.

LE BAILLI.

La raison veut que je diffère,
Mais je sens bien que l'amour fait la loi.

F

(*Le BAILLI prend une couronne sur l'autel*,
& la présente à COLETTE.)

LE BAILLI à COLETTE.

Vous désiriés cette couronne,
Vous l'obtenés à votre tour.
L'objet chéri, qui vous la donne,
La reçut des mains de l'amour :
Au bout de cinquante ans encore,
Puisse l'époux, qui vous adore,
Vous rappeller un si beau jour.

LE CHŒUR.

Au bout de cinquante ans, *&c.*

(*Pendant le Chœur, le Bailli conduit les quatre
époux à l'autel, & les unit.*)

LE BAILLI.

Du nœud charmant, qui vous engage,
Chantés, célébrés les douceurs.
Au dieu, qui règne sur vos cœurs,
Offrés un éternel hommage.

[*Les quatre époux, le BAILLI, LUBIN.*]

Du nœud charmant qui { nous / vous } engage, *&c.*

LE *BAILLI*, *aux vieux.*

Il applaudit à vos tendres ardeurs ,
Vous comble encor des dons les plus flatteurs ;
Les vrais amans ignorent ses rigueurs :

(*Aux jeunes.*)

Il ne s'enfuit point avec l'âge ,
Berger fidele , épouse sage ,
Ont toûjours droit à ses faveurs.

THÉRESE , *GERMAIN* , *l'un à l'autre.*

Tes vertus & ton innocence
De mon cœur nourirent la constance :

COLIN , *COLETTE* , *l'un à l'autre.*

Que tes vertus , ton innocence ,
Nourissent toûjours ma constance.

G E R M A I N.

Rien ne manque plus à mes vœux :

Les quatre ÉPOUX , *l'un à l'autre.*

Je lis mon bonheur dans tes yeux ,
Il sera pur , comme nos feux.

E N S E M B L E.

Du nœud charmant , &c.   (*On danse.*)

GERMAIN.

Vieillesse cruelle
Flétrit nos beaux jours,
Amitié fidèle,
Prolonge leur cours.
L'Amour, l'Amour passe,
Mais de son plaisir
Jamais ne s'efface
Le doux souvenir.
Un rien le rappelle,
Et, dans tous les tems,
Amitié fidèle,
Souvenirs présens,
Sont, mes chers enfans,
Volupté nouvelle
Pour les vieux amans.

(*On danse.*)

THÉRESE.

Nos plaisirs sont l'image
De la fleur qui naît aux champs ;
Sachons en faire usage,
Fleurs, & plaisirs, n'ont qu'un tems.

LE CHŒUR.

Nos plaisirs, *&c.*

THÉRESE.

Amans heureux, femés dans la jeuneffe,
Si dans l'hiver vous voulés recueillir,
Suivés l'amour, cédés à la tendreffe,
Mais gardés-vous d'émouffer le défir.

LE *CHŒUR.*

Amans heureux, femés dans la jeuneffe,
Si dans l'hiver, *&c.*

THÉRESE.

Il nous foutient, nous fait jouir.
De quelques rofes encore,
Qu'un doux retour, vers le plaifir,
Sur nos traces fait éclorre.
La fraîcheur, qui les décore,
La fraîcheur en fait tout le prix ;
Mais ainfi que les fruits,
Un rien les décolore ;
Au lever de l'aurore,
Refpirés – en l'odeur,
Mais, pour le foir encore,
Confervés leur fraîcheur.

LE *CHŒUR.*

Nos plaifirs, *&c.*   (*On danfe.*)

LUBIN, *aux quatre* É P O U X.

Le dieu qui vous unit, règne fur tous les cœurs,
  Mais ce n'eft qu'au village
  Qu'il répand fes faveurs.
Le concert des oifeaux, le tendre émail des fleurs,
  Le frais d'un verd bocage
  Infpirent fes ardeurs,
Et de fes dons augmentent les douceurs.
  La fimple innocence
  Fait naître nos feux,
  La douce efpérance
  Sourit à nos vœux :
  Nous goutons fes charmes,
  Nous rendons les armes ;
 Tout eft plaifir dans nos Forêts,
  Jamais, jamais,
On n'y voit couler de larmes.

Le dieu qui vous unit, *&c.*

  Sous le toît folitaire,
  De votre humble chaumiere,
Soir & matin, le bonheur vient s'offrir :
  Le riche le défire,
  Et tandis qu'il foupire,

Vous ne fongez qu'à jouir.
Oui, tout me dit, & doit vous dire...
Le dieu qui vous unit, &c.   (On danfe.)

THÉRESE.

Vaine opulence,
Que l'on encenfe,
Honneurs, grandeurs, vous n'êtes rien pour nous:
L'heureux délire,
Qu'amour ïnfpire,
Eft le feul bien dont nos cœurs foient jaloux.

Les quatre ÉPOUX, le BAILLI, LUBIN.

Vaine opulence, &c.

THÉRESE.

L'inftant, qui luit pour nos époux,
Eft fans nuage,
Pour nous, le ciel n'a point d'orage:
Sur le rivage,
Loin du naufrage,
De tous les vents on brave le courroux.

DUO.

THÉRESE.	*GERMAIN.*
Vaine opulence,	Triftes palais, vaine opulence;
Que l'on encenfe,	Biens fuperflus, que l'on encenfe,
Honneurs, grandeurs, vous n'êtes rien pour nous.	Honneurs, grandeurs, vous n'êtes rien pour nous.

THERESE.

L'heureux délire,
Qu'amour inspire,
Est le seul bien, dont nos cœurs
soient jaloux.

GERMAIN.

Tendre amour, le charmant délire,
Que la volupté nous inspire,
Est le seul bien, dont nos cœurs
soient jaloux.

LE *CHŒUR.*

Vaine opulence, &c.

(Contredanse générale.)

F I N.

A P P R O B A T I O N.

J'AI lu, par ordre de Monseigneur le Chancelier, *LA CINQUAN-TAINE*, *Pastorale*, *en trois actes*; & je crois qu'on peut en permettre l'impression. A Paris le 22 Juillet 1771.

MARIN.

www.ingramcontent.com/pod-product-compliance
Ingram Content Group UK Ltd.
Pitfield, Milton Keynes, MK11 3LW, UK
UKHW022142170726
13837UKWH00004B/1721